ALFRED ADLER

DER MENSCH UND SEINE LEHRE

EIN ESSAY

VON

MANES SPERBER

Springer-Verlag Berlin Heidelberg GmbH 1926

ISBN 978-3-662-31280-3 ISBN 978-3-662-31484-5 (eBook)
DOI 10.1007/978-3-662-31484-5

Horowitz A. ADLER

Mit freundlicher Genehmigung der Künstlerin

GEORG E. POLAK
DEM FREUNDE
GEWIDMET

Vorwort.

Die Individualpsychologie ist heute nicht mehr irgendeine psychotherapeutische Methode, nicht mehr irgendein psychologisches System. Sie ist heute viel mehr: die Individualpsychologie, die Psychologie des vergesellschafteten Menschen, deren keiner, der heilend oder bildend wirken soll, entraten kann, von deren Gedankengängen sich auch die heftigsten Gegner beeinflussen lassen müssen.

Diese Lehre ist untrennbar mit dem Namen, dem Menschen Alfred Adler verbunden. Er ist nicht nur der Begründer der Individualpsychologie. Wäre er nur dies, so hätte er ihre Entwicklung nicht solchermaßen beeinflussen, sie nicht so sicher lenken können, wie er es getan hat. Mit der Entwicklung dieser Lehre ist aufs engste die eines höchst bedeutenden Mannes verbunden: die Alfred Adlers. Diesen Menschen, der noch bei weitem nicht die Anerkennung errungen hat, die ihm gebührt, wollen wir in diesem Essay zu schildern versuchen.

Es ist nicht ein Jubiläum, nicht der Kalender, der uns hierzu veranlaßt. Die Leistung Adlers ist es, die es notwendig macht, einmal auch den Menschen zu würdigen und auf die enge Verbundenheit des großen Werkes mit seinem großen Schöpfer hinzuweisen. —

Es liegt im Wesen der Individualpsychologie, daß sie jeden, der sie kennenlernt, zur Stellungnahme, zur persönlichen Auseinandersetzung mit ihr und — mit sich selber zwingt. Diese Auseinandersetzung ist oft ein Kampf, den vor allem der Neurotiker mit einem ungeheuerlichen Kraftaufwand, mit dem ganzen Fanatismus seiner Schwäche führt. In diesem Kampfe wird oft Alfred Adler mit der Individualpsychologie identifiziert; gegen ihn richtet sich der ohnmächtige Haß und die Entwertungstendenz des Feiglings, der um die Erhaltung seiner sichernden Fiktion kämpft; im Kampfe gegen Adler verlieren Menschen, die sonst Haltung zu haben schienen, ihre Ruhe und ihre gespielte Sicherheit und mit dieser auch alle Objektivität, deren sie sich gewöhnlich rühmen. Adler ist ein vielgehaßter Mensch, aber die Zahl derer, die sich ihm verbunden fühlen, ist ungleich größer. Und diese, die mit Hilfe des Meisters durch das „Fegefeuer“ der Individualpsychologie gegangen sind, wissen, daß sie Träger einer Idee, Verbreiter einer Lehre sein müssen, der sie nicht Geringeres zu danken haben als eine sozial gültige Leitlinie.

Diesen und allen, die noch durch dieses Fegefeuer gehen werden, ist dieser Essay, dem eine größere Arbeit folgen soll, zugedacht.

Wien, am 15. Juli 1926.

Manes Sperber.

Alle Formeln, die man für ihn, den Menschenkenner par excellence, den Weisen ohne äußeren und inneren Bart, fände, müßten sich als nichtssagend vor der Einzigartigkeit der Erscheinung eines Menschen erweisen, der so restlosen Mut zum Menschsein aufbringt.

Jede Begegnung mit ihm ist ein Erlebnis, das den Zweifelnden überzeugt, des Begeisterten Begeisterung steigert und doch keine Heldenfimmeligkeit aufkommen läßt. An Adler erlebt man es zum ersten Male: Hier ist ein Mensch, der auf die Pose verzichtet, der auf sie vollkommen zu verzichten vermag. Hier ist ein Mensch, der solch engen Zusammenhang mit der Menschengemeinschaft, pathetischer und vielleicht richtiger ausgedrückt: mit der Menschheit hat, daß er imstande ist, den common sens, die Erfahrung ungezählter Generationen, zu verwerten. Hier ist ein Mensch, der die Fähigkeit hat, Tiefstes — wenn es nottut — in banalster Form zu sagen, der Intellektuelle mit dem Mut zur Banalität, aus der er alles herauspreßt, was sie an Weisheitsgehalt hat. Und wir staunen immer wieder! Erlebten wir doch so oft, daß Banalstes im Gewande des Tiefsten sich prätentiös präsentierte. Und hier wird zum großen Erlebnisse: die Begegnung mit dem bedeutenden Menschen ohne Pose, mit den einfachen Gebärden und den tiefsten Worten.

Adler spricht den Dialekt des Wiener Volkes. Er spricht ihn nicht wie jene intellektuellen Wiener Kaffeehäusler, die mit falschen Mitteln ihre unglaubhafte Urwüchsigkeit erweisen wollen. Die Sprache des Volkes ist Adlers Muttersprache. Sie erweist seine Urwüchsigkeit, seine Verbundenheit mit den Menschen. Und frappant urwüchsig ist Adlers Menschenkenntnis, sein sicherer Blick, der mehr sieht als die allermeisten vor ihm zu sehen vermochten.

Eigentümlich ist der Blick seiner grauen Augen: scharf und doch auch gütig, durchschauend bis ins Tiefste und doch auch wärmend. Von diesem Blick fixiert werden bedeutet von Adler erkannt werden. Die Art, in der einer grüßt, die Hand drückt, sich setzt, genügt oft vollkommen, damit er erkannt werde. Damit Adler erkenne, woran er gescheitert ist oder zu scheitern fürchtet, was ihn ängstigt, wohin ihn sein letztes, großes Ziel weist.

„Wie, ich erhoffe mir zu viel von der Wirkung der Individualpsychologie? Wenn sie diese Wirkung nicht ausüben sollte, wozu dann meine Arbeit, unsere Arbeit? Psychologie um ihrer selbst willen ist vollkommen überflüssig, wie es übrigens jede Wissenschaft um ihrer selbst willen ist. — Seien Sie überzeugt: Könnte ich nicht überzeugt sein, daß die Individualpsychologie als Psychotherapeutik, als Psychologie, als die Pädagogik, als die vom Gemeinschaftsgefühl postulierte Weltanschauung den Menschen zu einem besseren, sinnvolleren Leben verhelfen könnte, ich würde keinen Finger rühren, um sie zu verbreiten." — Das Pathos der Gemeinschaft.

„Wir bringen keine absolute Wahrheit, aber wir tun alles, was menschlicher Geist tun kann: Wir führen von größeren Irrtümern auf kleinere zurück." —

Wenn die kommenden Generationen, individualpsychologisch erzogen, froher, besser werden leben können, weil sie dem Leben und seinen Anforderungen besser gewachsen sein werden als es die Menschen unserer Zeit mit ihrer übermäßigen Machtgier sind, so werden sie dies vor allem Alfred Adler zu danken haben.

Alfred Adler ist der Vertreter der Psychologie von heute und der Weltanschauung der Menschen von morgen, die ihn auch ungleich besser verstehen werden als seine Zeitgenossen, die davor fürchten, ihn zu verstehen.

Wie jeder Lehrer der Menschheit weist Adler in die Zukunft.

I.

Als zweiter Sohn kleinbürgerlicher Eltern kam Alfred Adler am 7. Februar 1870 im letzten Hause Rudolfsheims, eines Wiener Außenbezirkes, zur Welt. Eine weise Natur scheint in Vorausahnung der Adlerschen Überkompensationstheorie mit dem Überkompensationswillen des Kindes gerechnet zu haben: Adler war ein sehr schwächliches, rachitisches Kind, dem die wenig bemittelten Eltern nur sehr wenig bieten konnten. Aber das Kind verlangte von ihnen anscheinend auch wenig. Es wählte die beste Lebensweise, die die modernen Ärzte heute rachitischen Kindern empfehlen. Adler bewies wenig Interesse für den Aufenthalt in der elterlichen Wohnung und zog es vor, sich auf der Gasse und auf der nahegelegenen Wiese zum Typus des „offenen, ritterlichen Wiener Gassenbuben" auszubilden. Hier gab es keine Verweichlichung, keinen Respekt vor der Krankheit und der Schwäche. Man mußte seinen Mann stellen, wo es nottat, um sein Recht raufen, mit den anderen Solidarität bekunden und vor allem durfte man nicht feig sein. Der Mut entschied in allen Situationen.

„Meiner Gassenbuben-Karriere verdanke ich zweifellos sehr vieles, das ich dann später, im Leben und in der Wissenschaft, habe brauchen können. Schon damals erwarb ich mir eine Menschenkenntnis, die mich den Mut richtig einschätzen lehrte" — erzählt Adler.

In das dritte Lebensjahr fällt das erste entscheidende Erlebnis des Kindes. Ein jüngerer Bruder ist gestorben und das Kind erfährt schaudernd, daß es einen Tod, einen souveränen Mörder gibt. Adler erinnert sich: „Meine Mutter holte mich nach dem Leichenbegängnis ab, um mich nach Hause zu bringen. Sie war sehr traurig und verweint, lächelte aber ein wenig, als mein Großvater, um sie zu trösten, einige scherzhafte Worte zu ihr sagte, die sie wahrscheinlich auf weiteren Kindersegen hinweisen sollten. Dieses Lächeln konnte ich meiner Mutter lange nicht verzeihen und ich darf aus diesem Groll wohl schließen, daß ich mir der Schauer des Todes sehr wohl bewußt gewesen bin."

Als das Kind im fünften Lebensjahre, an einer schweren Lungenentzündung erkrankt, aufgegeben wird, erwacht in ihm das erste große Angstgefühl: die Angst vor dem Tode. Als es ihm doch entronnen ist, beschließt das Kind, den rücksichtslosen Kampf gegen ihn aufzunehmen. Fünfjährig entscheidet sich Adler für den Beruf des Arztes, beginnt er — unbewußt — sein Training für diesen Beruf. Dieser Entschluß ist auch schon der klare, unmißverständliche Ausdruck seiner leitenden Norm: „Sich nicht unterkriegen lassen! Schwierigkeiten sind dazu da, um überwunden zu werden. — Bange machen gilt nicht!"

Statt für die Angst entscheidet sich Adler für die Tat. Daß er diese erste Mutprobe besteht, ist auf seinen Rationalismus zurückzuführen. Adler war nie religiös, er hat nie an Gespenster, Zauberei und überirdische Mächte geglaubt. Versuche seiner religiösen Eltern, ihn nach dieser Richtung zu lenken, mißlangen. Daß es Engel nicht geben könne, beweist der Fünfjährige experimentell und so wirkungsvoll, daß alle Religiösen seiner Umgebung ihn frühzeitg aufgeben. Er läßt sich absolut nichts vormachen, verlangt für alles, was nicht augenscheinlich ist, zwingende Beweise. Dieser Rationalismus, den nur der Mutige behaupten kann, bewahrt ihn später davor, Vorurteilen zu verfallen.

In der ersten Gymnasialklasse versagt Adler. Die Lehrer sind von seiner Unfähigkeit so fest überzeugt, daß sie seinem Vater dringendst raten, ihn lieber ein ehrliches Handwerk, das auch für den geistig Minderwertigen seinen goldenen Boden bewahre, lernen zu lassen. Der Vater ist anscheinend von der geistigen Minderwertigkeit seines Sohnes nicht so fest überzeugt, denn er läßt ihn die erste Klasse wiederholen und dann — in einer anderen Anstalt — weiterstudieren.

Der Gegenstand, für den Adler nach der Meinung seiner Lehrer überhaupt kein „Organ“ zu haben scheint, ist die Mathematik. Davon sind die Lehrer so fest überzeugt, daß sie in höchstes Staunen geraten, als er einmal — in der zweiten Gymnasialklasse in der Mathematikstunde eine Leistung hervorbringt, die seine tüchtigen Kollegen nicht zustandebrachten. Diese seine erste Leistung auf dem Gebiete der Mathematik ist eine recht unfruchtbare. Er beweist nämlich dem bestürzten Lehrer, daß eine gewisse Aufgabe, die die Schüler lösen sollen, unlösbar und warum sie es sei. Von dieser Stunde an ist Adler der beste Mathematiker in der Klasse — bis zur Reifeprüfung. — So erkennt Adler frühzeitig, was von der Begabung zu halten sei.

Auch weiterhin bringt Adler nicht übermäßig viel Interesse für die Schulgegenstände auf, und er hat schon das richtige Gefühl, als er die eifrige Lektüre Shakespeares, den er — wie damals — auch heute noch für den größten Dichter und so als Lehrer der Menschheit schätzt, dem lehrplanmäßigen Studium der Geisteswissenschaften vorzieht.

Die Psychologie, die er in der Schule lernt, überzeugt ihn frühzeitig, daß es eine Psychologie noch nicht gebe. Daß sie ihn maßlos gelangweilt hat, hat er ihr sehr bald verziehen, daß ihr Name eine Falschmeldung ist, verzeiht er ihr erst, als er ihr seine eigene Psychologie entgegenstellen kann.

Schon als Untergymnasiast beschäftigt sich Adler mit Nationalökonomie und Sozialpolitik, deren Fragen er weitestgehendes Verständnis entgegenzubringen vermag. Er liest sehr viel, aber nur die Bücher, die ihn wirklich interessieren. Für die Philosophie kann er sich ebensowenig begeistern, wie er es später kann, als er selber Schöpfer eines weltanschaulichen Systems ist.

Nach Beendigung seiner Gymnasialstudien sieht er seinen Weg klar vorgezeichnet. Ohne zu zögern, inskribiert er an der Wiener Universität und nimmt sein Medizinstudium auf.

Er hegt keine besonderen Hoffnungen für die Zukunft, weiß daß er es nicht leicht haben werde. Er ist ein armer Student, der die Aussicht hat, ein guter Arzt mit einer mäßig großen Klientel zu werden. Daß er ein g u t e r Arzt sein werde, daran zweifelt er nicht. Er weiß sehr früh, daß man Krankheiten — welcher Art auch immer — nicht allein mit Medizinen heile. Er weiß, daß der Arzt selber einen heilsamen Einfluß auf den Kranken ausüben müsse. Diesen Einfluß glaubt er sich zuschreiben zu können. Er muß dies glauben, da in ihm seit früher Kindheit ein starker sozialer Wille wirksam ist.

Als Volksschüler hat er armen Kollegen in ihren Wohnungen Nachhilfeunterricht gegeben. Damals hat er in Arme-Leute-Wohnungen tiefsten Zusammenhang mit allen, auch mit den ärmsten Menschen gefühlt, sich gedrängt gefühlt, mit ihnen Kontakt zu suchen und aufrechtzuerhalten.

Dieser Kontakt mit allen Menschen seiner Umgebung, diese zutiefst gefühlte Sympathie für die „Erdniedrigten und Beleidigten" lehrte ihn, das Soziale richtig einzuschätzen, lehrte ihn schon damals, daß es stets um den Mitmenschen im Menschen gehe.

Sein sozialer Wille nun bestärkt ihn in seinem Glauben an den Wert der Medizin und an seine eigene medizinische Fähigkeit.

Er studiert fleißig, beschäftigt sich besonders viel mit der pathologischen Anatomie, der er manche wertvolle Anregung zu verdanken hat. Indessen bewahrt er auch sein Interesse für alle aktuellen Fragen seiner Zeit, unter denen — wie auch heute noch — die soziale Frage eine hervorragende Rolle spielt. Er gehört vielen Vereinen an, hat viele Freunde, mit denen er diskutiert, an denen er seine Menschenkenntnis erweitert und festigt. Und Adler ist schon damals ein Menschenkenner, dessen Scharfsinn, dessen Fähigkeit, verborgene seelische Zusammenhänge zu erforschen und überraschend einfach klarzulegen, allgemein anerkannt wird.

Im Jahre 1895 promoviert Adler. Er praktiziert vorerst als Spezialist für Augenkrankheiten, gibt diese Praxis auf und wird Internist. Als solcher hat er eher Gelegenheit, tiefen Einblick in die Seele des Kranken zu gewinnen. Die Erfahrungen, die er in dieser Praxis sammelt, verwertet er in seinem psychologischen System.

Sein Klientenkreis ist verhältnismäßig groß, sein Ruf sehr gut. Was ihn als Arzt auszeichnet, ist seine Fähigkeit, schnell und richtig zu diagnostizieren. Und noch etwas sehr Wesentliches: sein unbegrenzter Optimismus.

Adler wird in der Nacht zu einer fremden Patientin geholt, der er eine Injektion geben soll. Die Verwandten versichern ihm, daß eine Untersuchung der Patientin überflüssig sei, da ihr trostloser Zustand festgestellt sei und sie nur noch zwei Tage leben dürfte. Adler läßt sich nicht einschüchtern, untersucht die Patientin sehr gründlich, um zur Überzeugung zu gelangen, daß sie noch keineswegs sterben müsse. Dieses Urteil, dem die Gutachten von Professoren entgegengestellt werden, erweist sich als richtig. Adler hat Gelegenheit, die aufgegebene Patientin noch drei Jahre lang zu behandeln.

Der junge Adler läßt sich nicht einschüchtern, nicht durch den Tod und nicht durch die Professoren. Von diesen, die ihm später mit dem größtmöglichen Mangel an Verständnis begegnen werden, am allerwenigsten!

Im Jahre 1898 erscheint die erste Schrift Adlers. In dieser, „Gesundheitsbuch für das Schneidergewerbe" betitelten Schrift, tritt Adler als radikaler Sozialhygieniker auf. Im Vorwort schreibt er:

„In dieser kleinen Schrift war ich bemüht, den Zusammenhang von ökonomischer Lage und Krankheiten eines Gewerbes zu schildern, sowie die Gefahren darzustellen, die der Volksgesundheit aus einer gesunkenen Lebenshaltung erwachsen. Einer solchen Betrachtung, welche den Menschen nicht als Einzel-, sondern als Gesellschaftsprodukt untersucht, kann sich der Arzt nicht mehr verschließen."

Aus diesen Sätzen geht klar hervor, daß Adler schon damals erkannt hat, daß die Betrachtung des Einzelmenschen, des von der Gesellschaft losgelösten Individuums, ein Ding der Unmöglichkeit sei. Zu dieser Betrachtungsweise drängt ihn auch seine soziologische Bildung.

Indes: noch ist Adler Internist und für neurologische Probleme nicht allzusehr interessiert. Eine Zeitlang besucht er zwar die Klinik Krafft-Ebings, allein, was er dort zu hören und zu sehen bekommt, vermag ihn nicht besonders zu interessieren. Ein Fall von Hysterie, den er zufällig behandelt, regt ihn an, sich mit dieser Krankheit zumindest spekulativ zu befassen. Und merkwürdigerweise gelangt er zu jener Zeit zu einer Formulierung, die er erst viel später voll wird würdigen können: „Die Hysterie bietet ein Krankheitsbild, bei dem Gedankengänge übersprungen erscheinen." Diese Formulierung erfolgt, lange bevor Adler Freud und dessen in Gemeinschaft mit Dr. Breuer verfaßte Arbeit über die Hysterie kennen lernt.

2.

Im Jahre 1914 erschien ein Büchlein „Zur Geschichte der psychoanalytischen Bewegung" von Siegmund Freud, dem Begründer der sogenannten Freudschen Psychoanalyse. Dies Büchlein ist — nehmt alles nur in allem! — eine arge Entgleisung, in dessen letztem, dem „Apostata" Adler gewidmeten Teile Freud in schärfster Form gegen sich und für Adler wirkt, obwohl er gerade das Gegenteil will.

Wir wollen uns hüten, den Ton dieser Schrift anzuschlagen, wir wollen uns angesichts der Tatsache, das Freud ein alter, von vielen verehrter Mann ist, sehr bemühen, den Respekt zu wahren, den jeder verdient, der auf irgendeinem Gebiete Ersprießliches geleistet hat. Freud hat die moderne Pathopsychologie wirksamst befruchtet, er hat eine Unzahl von wertvollen Anregungen gegeben — dies verpflichtet zu einer Reverenz, die ihm zu erweisen aber einigermaßen schwer fällt, wenn man weiß, wie wenig er imstande ist, die Leistungen anderer, vor allem die seiner „abtrünnigen Schüler" zu würdigen.

Wir haben nicht vor, den Skandal, der für uns schon lange nicht mehr interessant ist, damit zu erregen, daß wir ihn deutlich aufzeigen. Nur diese Konstatierung können wir uns nicht versagen: Was im Freud-Kreise damals, als Adlers „Abfall" erfolgte, geschah, war Häßliches, Allzuhäßliches.

Wir werden die Unsauberkeiten und häßlichen Handlungsweisen nur aufzeigen, wenn wir uns in unserer historischen Darstellung hierzu genötigt sehen werden. Ansonsten wollen wir verschweigen, was ja auch sonst für jeden uninteressant ist, der nach der Leistung und nicht nach Personalien fragt, wenn sie so unerquicklich sind, daß sie einigen Abscheu zu erregen vermögen.

Die Freudianer bringen gegen Adler und seine Lehre folgende drei, von ihnen enge miteinander verknüpfte Argumente vor:

I. Die Individualpsychologie ist die Summe von Produkten eines „professionellen Verdrängers", somit als Psychologie unbrauchbar.

II. Adler hat recht, aber er sagt nichts, was Freud nicht auch schon gesagt hat.

III. „Wer ist schon dieser Adler? — Doch n u r ein Schüler Freuds!"

Wir wollen auf diese Argumente, die durch eine eigenartige, doch dem individualpsychologischen Therapeuten aus seiner Praxis bekannte Vergewaltigung der Logik zustande gekommen sind, nicht eingehen. Und wenn die Freudianer einen Freud-Schüler so gering einschätzen, dann ist es ihre Sache. Uns geht es darum, nachzuweisen, daß A d l e r n i e e i n S c h ü l e r F r e u d s gewesen ist, daß er n i e dessen Überschätzung des sexuellen Moments mitgemacht hat, daß er seine Individualpsychologie schon zu einer Zeit vertreten hat, als er noch selber nicht gewußt hat, daß er sie begründen werde. Wir wollen den Nachweis nicht führen, um ein unbegründetes Minderwertigkeitsgefühl eines schlechten Individualpsychologen, Adler könnte der Schüler eines anderen gewesen sein, zu beseitigen. Dies wäre lächerlich! Nein! Adler hat wie jeder bedeutende Mensch immer und überall, an und von jedem gelernt. Unzweifelhaft hat er auch von Freud viel gelernt und von diesem — wenn nichts anderes — zumindest dies: die Irrtümer vermeiden, deren Opfer Freud und mit ihm seine Lehre geworden ist.

Adler hat der „Psychopathologie des Alltagslebens" eine Fülle von Anregungen zu verdanken, ebenso der Freudschen Traumdeutungslehre. Aber Adler war nie Freudianer. Den Nachweis, daß er es nie gewesen ist, glauben wir im folgenden erbringen und durch ihn auch beweisen zu können, daß die Linie der Entwicklung der Individualpsychologie eine ungebrochene gewesen ist. Es würde dann auch der Aufbau der Lehre Adlers psychologisch verständlich und eine Legende zerstört werden, die bisher noch nicht revidiert worden ist.

3.

1899 oder 1900 hörte Adler Freud zum ersten Male. Es war dies in dem Wiener Ärzteverein, der die Darlegungen Freuds mit einem Hohngelächter aufnahm. Freud war durch diese Stellungnahme so entmutigt, daß er die Diskussion nicht abwartete, sondern gleich nach seinem Vortrage verschwand.

Damals fühlte Adler, daß man Freud Unrecht getan habe. Da er für die Schulpsychiatrie nie besondere Sympathie hatte aufbringen können, entschloß er sich für Freud und gegen die Ärzte aufzutreten, die es nicht einmal für notwendig erachtet hatten, s a c h l i c h zu Freud Stellung zu nehmen. Er schrieb in einer Wiener medizinischen Zeitschrift ein Referat über den Vortrag Freuds, in dem er Verständnis für Freud verlangte und erklärte, daß man sich mit Freud und seiner Lehre sachlich auseinandersetzen müsse.

Einige Tage nach Veröffentlichung des Referates teilte der Redakteur jener Zeitschrift Adler mit, Freud hätte ihn ersucht, ihm seinen besten Dank für sein Referat, das er als das beste, bisher über die Psychoanalyse geschriebene ansehe, auszusprechen. Dank und Lob dürften Adler gefreut haben. Er gestattete dem Redakteur die Vermittlung der Bekanntschaft mit Freud, die dieser gewünscht hatte.

Es muß konstatiert werden: der Mensch Freud war Adler von vorneherein n i c h t sonderlich sympathisch, und er wurde es auch später nicht. Doch erkannte Adler in Freud den Kämpfer gegen die alte Psychiatrie und Neurologie an.

Eine der ersten Äußerungen Freuds gegenüber Adler verdient, festgehalten zu werden.

Adler behandelte damals eine Patientin, die von allen Ärzten, von denen sie bis dahin behandelt worden war, als Epileptikerin angesehen worden war. Adler glaubte nun, daß ihre Anfälle hysterische seien und schickte sie zu Freud, um sich zu vergewissern. Freud diagnostizierte sie anfangs als Epileptikerin und als er die Richtigkeit der Adlerschen Diagnose einsehen mußte, machte er Adler gegenüber folgende sehr charakteristische Bemerkung: „Sie haben recht, aber ich wundere mich sehr, daß Sie recht haben.“ Auf Adler machte diese Bemerkung einen eigenartigen, durchaus nicht einnehmenden Eindruck, der noch ungünstig durch die Erinnerung an die Lobpreisung beeinflußt wurde, die er im Anfange von Freud erfahren hatte.

4.

Im Jahre 1902 erhielt Adler die freundliche Einladung Freuds, an Diskussionen über Neurosenpsychologie teilzunehmen. Adler fragte an, wer an diesen Diskussionen teilnehmen werde, und als er die Namen der Eingeladenen erfuhr, wurde es ihm einigermaßen schwer, der Einladung Folge zu leisten. Tat er dies doch, so geschah dies lediglich aus einem starken sachlichen Interesse.

Die Zusammenkünfte fanden in der Wohnung Freuds statt. Es gab viele, die lediglich zuhörten und — wie ein russischer Arzt, der diesen Diskussionszirkel besucht hatte, in Rußland berichtete — friedlich einnickten, wenn sie nicht besonders angeregt wurden. — Adler gehörte zu den Arbeitsamsten. Er war auch der erste, der in diesem Kreise einen Vortrag hielt. Er sprach über die Lüge, die, wie er damals ausführte, nie ganz Unwahrheit wäre. „Die Wahrheit läßt sich nie ganz verbergen, sie dringt fast immer durch die Lüge durch. Wir haben es dann mit einem psychischen Verrat zu tun.“

Auf Freud machten die Ausführungen Adlers augenscheinlich Eindruck. Dies kam wie folgt zum Ausdrucke: „Vielleicht, vielleicht — vielleicht habe ich den Terminus „psychischer Verrat“ auch schon einmal gebraucht!“

Dies Freuds erste Diskussionsbemerkung. Und nun beginnen wir zu verstehen, warum Freud gegen Adler, aber auch gegen Jung, der den in psychoanalytischen Kreisen so populären „Komplex“ aufgebracht hat, immer wieder den Vorwurf der Prioritätshascherei erhebt.

Im zweiten Vortrage, den Adler in diesem Kreise hielt, setzte er sich mit Schopenhauers Ansichten auseinander. — Ein anderes Mal regte er eine Diskussion über „Psychoanalyse als Weltanschauung“ an, für die Freud keinerlei aktives Interesse aufzubringen vermochte. Adler war für eine rein sexuelle Ätiologie der Neurosen nicht zu gewinnen, was Freud sehr ärgerte. „Sie sagen immer: auch die Sexualität" — äußerte er empört.

Im Jahre 1904 teilte Adler Freud schriftlich mit, daß er an den Diskussionen nicht mehr teilzunehmen gedenke. Darauf schrieb *Freud* Adler einen langen Brief, in dem er ihn bat, seinen Entschluß zu ändern, und ihm unter anderem auch damit schmeichelte, daß er ihn als den „besten Kopf" im ganzen Kreise bezeichnete. In einer Unterredung, die auf seinen Vorschlag hin zustandekam, vermochte er Adler zu bewegen, seinen Entschluß zu annulieren.

Dies war Adlers erster „Abfallsversuch"; er unternahm ihn, weil er mit Freud keinen persönlichen Zusammenhang fühlte und weil er mit ihm im Grundsätzlichen, vor allem aber im Weltanschaulichen nicht übereinstimmte.

5.

Im Jahre 1907 veröffentlichte Adler sein erstes bedeutsames Werk: „Die Studie über die Minderwertigkeit von Organen" (Reinhardt-Verlag, München. Zweite Auflage, bearbeitet von Dr. Reis, erscheint Ende 1926 bei J. F. Bergmann in München), das in medizinischen Kreisen Aufsehen und wohlwollendes Interesse erregte; die Freudianer würdigten das Buch kaum und sie hatten Grund hierzu.

In der Tat hat Adler in diesem Buche nicht nur die biologische und organologische Grundlage seiner Individualpsychologie geschaffen, sondern auch den Krankheitsbegriff vollkommen verändert.

In der Vorrede schreibt er u. a.:

„Zudem war es mir eine reizvolle Aufgabe, den erstarrten und gebundenen Krankheitsbegriff in voller Auflösung zu sehen, die menschliche Pathologie im Fluß beobachten zu können.

Die vorliegende Arbeit soll als ein Anfang gelten."

Adlers neuer Krankheitsbegriff: „Die Krankheit ist eine Resultierende aus Organminderwertigkeit und äusseren Angriffen."

Adlers Definition des minderwertigen Organs: „Das minderwertige Organ ist ein unfertiges, in der Entwicklung zurückgebliebenes, im ganzen oder in seinen einzelnen Teilen in seinem Wachstum gehemmtes Organ."

Adler konnte in dieser Schrift auch nachweisen, daß Organminderwertigkeiten vererbbar und zumeist in der Aszendenz und in der Deszendenz zu finden sind.

Aber nicht diese Erkenntnisse sind es, die diese leider noch viel zu wenig gewürdigte Schrift zu einer epochemachenden stempeln.

Adler fand, banal ausgedrückt: Zwei gleiche, gleich minderwertige Organe können völlig verschiedene Leistungen hervorbringen. Und so sah er sich plötzlich vor der wichtigsten Frage einer grundlegenden Psychologie: Welcher Art sind die Zusammenhänge zwischen Körper und Seele? Welche Rolle spielt diese bei Steigerungen oder Verminderungen der Leistungsfähigkeit des „normalen" und im besonderen des minderwertigen Organs?

Auffällige Erfahrungstatsachen und Erscheinungen schienen eher verwirren als aufklären zu können: Beethoven, Smetana, Franz und viele andere Musiker besaßen nachgewiesenermaßen minderwertige Gehörorgane. Beethoven schuf, völlig taub, seine Neunte Symphonie. — Untersuchungen in Malschulen ergaben, daß 70% der Schüler an Augenanomalien litten. — Große Dichter, die visuellen Charaktere, u. a. Goethe, Schöpfer einer Farbenlehre, Dalton, Schiller, der Realitätsphantast Jules Verne, der später erblindete, sie alle hatten minderwertige Sehorgane. Demosthenes, Camille Desmoulins, große Schauspieler und Sprecher waren Stotterer. —

Wie ist dies zu erklären?

Und nun fand Adler das Gesetz der psychischen und der von dieser bedingten physischen Kompensation, der psychischen und der physischen Überkompensation. Dieses Gesetz gilt nicht nur für den Menschen, es ist tatsächlich überall dort wirksam, wo die Natur, das Leben einen Ausgleich erforderlich macht und ihn erzwingt. In diesem Falle kompensiert das minderwertige Organ oder ein verwandtes durch besondere Anstrengung, deren Erfolg die Lebensfähigkeit garantiert. Die Kompensation gelingt mit Hilfe des Zentralnervensystems, des psychischen Überbaus. Ohne die psychische Bereitschaft zur Kompensation, die die notwendige Mehrarbeit des Gehirns möglich macht, kann eine Kompensation nicht gelingen.

Es war die bald bestätigte Vermutung naheliegend, daß aus der Organminderwertigkeit ein Minderwertigkeitsgefühl, ein Gefühl der Unzulänglichkeit, des Nichtgewachsenseins resultieren müsse. Dieses drängt zur Sicherung, zum Schutze. Je stärker, bedrückender und bewußter das Minderwertigkeitsgefühl ist, desto drängender muß das Bedürfnis nach zureichendem Schutze, nach vorbeugenden Sicherungen, nach Überkompensationen werden.

Es drängte sich Adler zwangsläufig die Frage auf: Wie ist die Verschiedenheit der einzelnen Sicherungsweisen zu erklären? Die Verschiedenheit der Richtung, in der überkompensiert wird?

Diese Frage beantwortete er in seiner Studie noch nicht. U. a. auch deshalb nicht, weil ihn damals seine Studien in eine ganz andere Richtung verwiesen. Adler glaubte nämlich damals, daß eine biologisch fundierte Triebpsychologie über alle Fragen Aufschluß werde geben können, wobei er unter Trieb nicht — wie Freud — ausschließlich den Sexualtrieb verstand, sondern etwa: das Bedürfnis jedes Organs nach Befriedigung. Er formulierte: „Trieb ist die primitive Organbetätigung."

Nun erschlossen ihm seine triebpsychologischen Forschungen zwar nicht die Erkenntnisse und die tiefen Einblicke ins menschliche Seelenleben, die er sich von ihnen erhofft hatte, aber dafür die Gewißheit, daß Freuds System, auf einer phantastischen Vorstellung und willkürlichen Überschätzung des Sexualtriebes aufgebaut, jeder biologischen Fundierung entbehre.

So stellte er damals seine Organminderwertigkeitslehre in den Dienst der Triebforschung.

Im Jahre des Erscheinens der Studie hielt Adler in der Philosophischen Gesellschaft an der Universität in Wien einen Vortrag über „Die Theorie der Organminderwertigkeit und ihre Bedeutung für Philosophie und Psychologie". In einer beweiskräftigen, überzeugenden Art legte er seine Theorie und ihren damals noch unabschätzbaren Wert für die Psychologie dar.

Von der Kompensation sagte er: „Das minderwertige Organ braucht länger, um zur normalen Funktion zu gelangen und macht dabei eine Anzahl Störungen durch, deren Überwindung nur auf dem Wege gesteigerter Hirnleistung gelingt."

„Der organisch erschwerten Einfügung in das Leben entsprechen seelische Schwierigkeiten. Im Kampfe mit diesen und zu ihrer Überwindung entstehen seelische Haltungen, auffallende Charakterzüge besonderer Art. An diesem Punkte ist der Übergang von körperlichen zu seelischen Erscheinungen zu erfassen."

„Das Schicksal der Überkompensation ist an mehrere Bedingungen geknüpft, überbestimmt. Als dieser Bedingungen eine haben wir die Schranken der Kultur, das Gemeinschaftsgefühl kennen gelernt."

Wir haben uns eingangs dieses Essays erbötig gemacht, den Nachweis zu führen, daß Adler tatsächlich nie Freuds Lehren angenommen hat. Wir glauben, durch Zitierung der vorangestellten, von Adler im Jahre 1907 gesprochenen Sätze den gültigen Beweis angetreten zu haben.

6.

Im Jahre 1908 schrieb Adler eine kleine Arbeit über den „Aggressionstrieb in der Neurose und im Leben" Diese trug er auf dem psychoanalytischen Kongresse in Salzburg 1908 vor. Diese ungewöhnlich interessante Arbeit ist das Produkt der Adlerschen „Verirrung" in der Einschätzung der Brauchbarkeit einer Triebpsychologie. Aber in dieser verleugnet sich der Menschenkenner durchaus nicht. Was er sagt, ist auch, im Lichte der Individualpsychologie betrachtet, richtig, aber im „Triebjargon" ausgedrückt. Dieser war eine der letzten Phasen des „Hindernisrennens", das Adler durchgemacht hat. Daß er imstande war, über alle Hindernisse hinwegzukommen, um zu den letzten Erkenntnissen der Individualpsychologie zu gelangen, ist auf seinen Mut und seinen Mangel an Konservativismus zurückzuführen. Adler besaß und besitzt die seltene Fähigkeit, eigene Lehren zu desavouieren, wenn er sie als falsch oder andere als richtig befunden hat.

Was Adler damals als den Aggressionstrieb des Neurotikers bezeichnet hat, würde er heute als den „männlichen Protest", die Konkretisierung des Willens zur Macht, bezeichnen. Die bedeutsamste Idee, die in dieser Arbeit zwar noch nicht genügend klar zum Ausdrucke gelangt, aber immerhin gewissermaßen schon spürbar wird, ist: Die Neurose bedeutet stets eine Attacke des Neurotikers gegen die Gemeinschaft, sie ist der krankhafte Ausdruck eines krampfhaften Bemühens um verstärkte Sicherung, sie ist sozusagen eine offensive Defensive, ein Versuch, den Aufgaben des Lebens auszuweichen; sie ist die hierzu notwendige Krankheitslegitimation: Die Neurose selbst ist Sicherung und Arrangement!

Diese letzte Neurosendefinition Adlers bedeutete eine vollkommene Revolutionierung des Neurosenbegriffes. Aber noch war Adler nicht so weit, noch fehlten ihm die gültigen Formeln und die fiktionalistische Psychologie, die er selber schaffen mußte, um jene zu erlangen.

Wenn Adler zu jener Zeit der Formel Freuds „Das Seelenleben ist vom Lust- und Realitätsprinzip dirigiert" seine Formel entgegenstellt: „Das Seelenleben ist vom Antagonismus dirigiert", so ist er ja seiner später konzipierten Lehre von der Wirksamkeit des Persönlichkeitsstrebens und des Gemeinschaftsgefühls nahe, aber noch nicht nahe genug, um, was er meint, richtiger: meinen möchte, weniger unklar auszudrücken als Freud, was er meint, ausdrückt.

In der Diskussion über den Vortrag, in dem Adler den Satz von dem dirigierenden Antagonismus aufstellte, gerieten die beiden Männer aneinander. Sie verstanden einander nicht. Und als der Jüngere den Älteren zu verstehen begann, hatte er auch schon alle die Irrtümer, die schweren grundlegenden Fehler der Freudschen Psychoanalyse durchschaut.

Freud witterte in Adler eine immense Gefahr, sein „Persönlichkeitsgefühl" wehrte sich gegen ihn, und er tat das Verkehrteste von all dem, was er tun konnte. Er benahm sich gegen Adler so schlecht, daß Freudianer, die keineswegs zu Adler standen, es ihm öffentlich vorwarfen. Allein, Freud kannte nur zwei Taktiken. Die „Taktik der Flitterwochen", die er anwandte, wenn er jemand für sich gewinnen wollte, und die Taktik, bei deren Durchführung er sich keinerlei Beschränkung auferlegte und handelte, wie die Mitteilung seines Vaters es erwarten ließ: „Mein Sohn Siegmund hat Widerspruch nie vertragen können."

„Alle Gegner, die wir haben, sind ungefährlich. Adler allein kann uns gefährlich werden" — sagte Freud, und er mußte gemäß seiner Gesamthaltung so handeln, wie er gehandelt hat, nachdem er erkannt hatte, daß Adler auf ihn und darauf, daß er ihm wie den anderen Psychoanalytikern Patienten „empfehle", nicht angewiesen sei, daß er ehrlich und — was ihm völlig unverständlich war — unbestechlich sei.

(Einer der besten Freunde Freuds, heute ein ziemlich bekannter Psychoanalytiker, brachte, auf sein populäres Buch über die Psychoanalyse hinweisend, den Stoßseufzer hervor: „Wenn ich nur imstande wäre, die Hälfte dessen, was ich hier geschrieben habe, zu glauben." — Er veröffentlichte trotzdem dieses Buch, hat sich offenbar bekehrt, und zählt — wie gesagt — zu den besten Freunden Freuds. — Ein Beispiel für viele.)

Adler schrieb einmal von den Anschauungen, die er vertreten hat: „Diesen Anschauungen liegt eine dynamische Auffassung zugrunde." Freud sagte ärgerlich „Sie sprechen so, als ob meinen Anschauungen eine dynamische Auffassung nicht zugrunde läge!" . . .

Und nun war die Situation eine andere, ungleich geklärtere. Der Jüngere verstand den Älteren schon recht gut, viel zu gut. Deshalb war er auch nicht geneigt, Prioritätsfragen zu erörtern. Diese waren es doch nicht, um die es jenem ging; sie waren unwesentlich, es ging ja nicht um die Priorität im Gebrauch eines Terminus . . . . .

7.

Adler ließ sich nicht stören. Er arbeitete emsig weiter. Vor allem interessierte ihn die Charakterologie. Ein Vortrag über den menschlichen Charakter, den er in der Wiener „Psychologischen Gesellschaft“ hielt, fand unwidersprochene Aufnahme.

Nun befand er sich endgültig auf dem richtigen Wege. Dies wußte er und er arbeitete um so eifriger. Die Erkenntnis: Erst die Totalbetrachtung des nervösen Charakters, erst eine zulängliche Charakterologie kann es uns möglich machen, den Nervösen zu durchschauen und ihn wirklich zu heilen — diese Erkenntnis beherrschte ihn mehr und mehr.

Jede Charakterologie ist künstlerische Gestaltung. „Die Psychotherapie ist ein künstlerischer Beruf“ — sagt Adler in einem seiner Werke.

Der Menschenkenner-Künstler in Adler drängt zu dieser Gestaltung, die durch eine wissenschaftliche Bildung, durch seine Fähigkeit, der Intuition die Methode, der Erfahrung ihre unpersönliche Quintessenz, ihre Logik zu supponieren, weitestgehend gefördert wird.

8.

Noch glaubte Adler, im Rahmen der auf dem Nürnberger Kongresse konstituierten Psychoanalytischen Vereinigung seine Ideen vertreten zu müssen. Er hielt sich für einen Psychoanalytiker und deshalb für verpflichtet, die Psychoanalyse vor Freud zu schützen, um ihr so eine normale Entwicklung zu sichern.

Die Vorgänge auf diesem Kongresse waren — sagen wir — eigenartig und wenig erfreulich, die Art, in der ein Budapester Psychoanalytiker die von Freud abgefaßten Vereinsstatuten vertrat, zumindest lächerlich. „Benützen wir unsere Homosexualität dazu, unseren geliebten Lehrer Freud zu unterstützen.“

Wir hätten keinen Grund, diese intime Aufforderung zu zitieren, wäre dieser Budapester Herr nicht mit jenem identisch, der nach dem Ausscheiden Adlers aus dem psychoanalytischen Vereine verbreiten ließ, Adler wäre krank. In der Bekanntmachung dieser Diagnose, in der Führung dieser Art des wissenschaftlichen Kampfes hatte er Lehrer und Nacheiferer im Freudschen Lager.

Gleich nach dem Nürnberger Kongresse, auf dem er zum Vorsitzenden der Wiener Ortsgruppe der Psychoanalytischen Vereinigung gewählt worden war, begründete Adler das „Zentralblatt für Psychoanalyse“, das er in Gemeinschaft mit Stekel und Freud, derseine Aufnahme in die Redaktion erzwungen hatte, redigierte. Die Streitigkeiten im Redaktionskomitee bewiesen Adler neuerdings, daß ein Zusammenarbeiten in der Folge doch unmöglich sein werde.

Von Freud aufgefordert, seine Stellung zu seiner Lehre im Rahmen des Vereins zu präzisieren, hielt Adler vier Vorträge unter dem Titel: „Zur Kritik der Freudschen Sexualtheorie des Seelenlebens“, von denen zwei unter gleichem Titel im Sammelwerk „Heilen und Bilden“ (J. F. Bergmann München 1922, 2. Aufl.) veröffentlicht worden sind. Wir empfehlen die Lektüre dieser in einem brillanten Stile gehaltenen Vorträge wärmstens. Sie stellen eine — noch nicht nach Gebühr gewürdigte — Erledigung der Freudschen Sexualtheorie dar. Hat man sie gelesen, so versteht man, warum Freud auf sie so reagiert hat, wie er es getan hat. Er stand auf und erklärte, persönlich, aber nicht sachlich argumentieren zu wollen. Seine Argumentation war im höchsten Grade unwesentlich und neuerlicher Beweis dafür, daß Freuds Menschenkenntnis vor Adler versagte. Sachlich zu argumentieren, lehnte er, wie gesagt, ab.

Adler zog die Konsequenzen und trat aus dem Verein und bald darauf auch aus der Redaktion des von ihm begründeten „Zentralblattes“ aus. Ihm schlossen sich zwölf Vereinsmitglieder an, mit denen er den „Verein für freie Psychoanalyse“ begründete. Dies geschah im Jahre 1911. 1912 änderte der Verein auf Vorschlag Adlers seinen Namen in „Verein für Individualpsychologie“.

Adler und seine Schüler entfalteten eine fruchtbare Tätigkeit; im Jahre 1913 gaben sie das vornehmlich der Erziehung gewidmete Sammelwerk „Heilen und Bilden“ heraus, im selben Jahre die „Individualpsychologische Schriftenreihe“; im selben Jahre begründeten sie auch die „Internationale Zeitschrift für Individualpsychologie“[1], die nach dem Kriege wieder begründet wurde und jetzt das ausgezeichnet redigierte Zentralorgan der vielen Sektionen des Internationalen Vereins für Individualpsychologie darstellt.

Im Jahre 1912 erschien Adlers Standardwerk „Über den nervösen Charakter“ (J. F. Bergmann, München), im Jahre 1919 die kleine Schrift „Die andere Seite“ (Heidrich-Verlag, Wien), eine massenpsychologische Studie über die Schuld des Volkes, ein faszinierendes Werkchen, in dem das wahre Pathos eines Menschen zum Ausdruck gelangt, dem der Krieg ein quälendes, aber doch auch ein sehr lehrreiches Erlebnis gewesen ist. — 1920 erschien die Sammlung „Praxis und Theorie der Individualpsychologie“ (J. F. Bergmann, München), das Resumee alter und neuer individualpsychologischer Erkenntnisse, die Darstellung neuerer Fortschritte in der Behandlung der Neurosen

[1] Redaktion und Administration: Wien VI, Joanellig. 6.

und der Psychosen, eine gründliche Behandlung der Kriegsneurosefragen, im ganzen vielleicht das beste Werk Adlers. — 1919 wurde eine zweite, 1922 eine dritte Auflage des Werkes „Über den nervösen Charakter" notwendig.

Seit dem Jahre 1922 sind viele größere und kleinere Arbeiten von Adler erschienen. In jeder von ihnen ist Adler und mit ihm die Individualpsychologie als Psychologie, Psychotherapeutik und — last not least — als Weltanschauung einen bedeutsamen Schritt weitergegangen. Die Entwicklung, die noch bei weitem nicht abgeschlossen ist, ist zwangsläufig und auf der schon in den ersten Arbeiten Adlers vorgezeichneten oder doch vorgeahnten Linie geblieben. Das Versprechen, das Adler im Vorwort seiner „Studie über die Minderwertigkeit von Organen" gegeben hat: „Die vorliegende Arbeit soll als ein Anfang gelten" hat er gehalten. Und er hat viel mehr gehalten, als er versprochen hat, und dankbar erkennen wir immer wieder von neuem, daß er imstande ist, mehr und noch mehr zu geben, neue Erkenntnisse zutage zu fördern und sie der Menschheit, die ihrer dringendst bedarf, gebrauchsfähig zu vermitteln.

Wir können den historischen Teil unseres Essays nicht abschließen, ohne noch einmal auf die Stellung Adlers im Freudkreise zu sprechen zu kommen. Wir wollen resumieren.

Adler schloß sich auf Freuds Einladung dessen Kreise an, er nahm aktiv an den psychoanalytischen Forschungsarbeiten teil. Auch Freud kann nicht leugnen, daß seine Psychoanalyse ihm manche Erkenntnis zu verdanken hat. (Adler war es zum Beispiel, der die Triebverschränkung gefunden hat.) Was er ihr hätte geben sollen: — die triebpsychologische Fundierung, deren sie nicht entraten kann — konnte er ihr nicht geben, weil ihn gerade seine triebpsychologischen Forschungen — sie zählen zweifellos zu den tiefstschürfenden dieser Art — von der Haltlosigkeit der Freudschen Lehre überzeugten. Trotzdem: die Adlersche Interpretation des Verdrängungsmechanismus ist die einzige, die diesen als Erscheinung vorstellbar machen könnte. Eine bessere, einleuchtendere ist weder Freud noch einem seiner Schüler gelungen.

Das Unverständnis und die Bereitschaft zum Mißverständnisse, mit denen Freud Adler und seiner Lehre begegnet ist, waren fast noch offenbarer als die unsachliche Gegnerschaft, die er selber bei Beginn seiner Laufbahn hat erfahren müssen. Wenn Freud in seiner schon zitierten üblen Schrift „Zur Geschichte der psychoanalytischen Bewegung" etwa folgendes sagt: Was Adler unter „fingieren, fiktiv, Fiktion" versteht, ist besser mit „phantasieren, Phantasie“ ausgedrückt — so ist man angesichts der allgemein verbreiteten, unzweifelhaft richtigen Ansicht, daß Freud ein ungewöhnlich gebildeter Mann ist, gezwungen, daran zu glauben, daß hier eine einseitige Einstellung einen Blick, der sich so oft als ungewöhnlich klar erwiesen hat, vollkommen getrübt hat. Eine solche Einstellung ist — dies hat Adler in einer, auch die Psychoanalytiker überzeugenden Art nachweisen können — immer auf ein Unsicherheitsgefühl und vielleicht auch auf ein — in diesem Falle — berechtigtes Schuldgefühl zurückzuführen.

Wenn Freud Adler auf Grund seiner Lehre als eines Symptoms psychoanalytisch zu analysieren versucht, bringt er ja zwar manches an die Oberfläche, an der sich — wie wir fest überzeugt sind — mehr befindet, als er von unten heraufholen kann, aber wie er es tut, ist für ihn so kompromittierend, daß es uns für ihn, den wir trotz allem schätzen, leid tun muß.

Die Sympathie-Chance, das Recht auf die Tragik „des von seinen Jüngern verlassenen oder gar verratenen Meisters“ hat Freud durch diese seine Entgleisung auch vor der uneingeweihten Öffentlichkeit verwirkt. Niemand hätte so überzeugend für den Verräter Adler und gegen sich selber zeugen können, wie Freud es getan hat.

Am Ende dieses Kapitels wollen wir noch unser wahrhaftes Bedauern ausdrücken, daß wir gegen den Menschen haben polemisieren müssen, der dereinst zu den Begründern der modernen Psychologie gezählt werden wird und der nur seine Mission mißverstanden hat, indem er der Zeit die Psychologie gab, die sie verdiente, die vor allem ihre dekadente Bourgeoisie verdiente, nicht aber die Psychologie, die sie, die alle Zeiten, alle Menschen brauchten und brauchen.

Obwohl wir sehr fest überzeugt sind, daß eine Analyse des Widerstandes gegen die Individualpsychologie in jeder Beziehung aufschlußreicher wäre als eine Analyse des Widerstandes gegen die Psychoanalyse, werden wir diese doch nicht versuchen. Entscheidend ist doch dies: Trotz aller Anfeindungen, trotz unsinnigster Einwände seitens des Freudkreises ist die Individualpsychologie das geworden, was sie heute ist. Deshalb keine weitere Polemik, keine Beiträge zu einer Chronique scandaleuse, deren Helden uns bekannt, von uns aber auch deshalb nicht genannt sind, weil wir Adlers Wunsch respektieren wollen. Mit ihm sind wir der Ansicht, daß es letztlich um die positive Leistung, gegen die keine Polemik etwas ausrichten kann, gehe.

* * *

I.

Eine der ersten Taten der modernen Pathopsychologen war die Zerstörung des alten Normalitätsbegriffes. Die Grenzen zwischen Normalität und Abnormalität wurden neuerdings gesucht und als fließend befunden. Die Erfahrung des Pathopsychologen mußte ihn, wenn er konsequent war, zum Fiktionalismus bringen, mußte ihn zur Erkenntnis drängen, daß es nur ein fiktives Maß der Norm geben könne.

Adler war Fiktionalist. Er war es, noch bevor er Vaihingers Philosophie des Als-Ob kennen lernte. Als er sich im Jahre 1909 mit ihr bekannt machte, war er restlos begeistert; er fühlte sich angesprochen, fühlte, daß Vaihinger in der Philosophie schon durchgeführt hatte, was er in der Psychologie erst begann. — Vaihinger schrieb ihm begeistert, er erhoffe sich von einer fiktionalistischen Psychologie sehr viel.

So ging denn Adler an seine Forschungen mit dem Bewußtsein, daß es nur fiktive Normen geben könne, mit der Bescheidenheit im Geistigen, zu der ein solches Bewußtsein zwingt.

II.

Auf vier Grundpfeilern ist die Individualpsychologie aufgebaut. Inhaltlich: I. Auf der Adlerschen Lehre von dem, dem Menschen angeborenen Gemeinschaftsgefühl, II. auf der Adlerschen Lehre von den Organminderwertigkeiten und den aus diesen — und nicht nur aus diesen — resultierenden Minderwertigkeitsgefühlen, auf der Adlerschen Lehre von der Kompensation und der Überkompensation; formal: III. auf dem Fiktionalismus als einem logischen System (durch Adler wird es zu der Grundlage einer Psychologik) und IV. auf dem Finalismus.

Als regulative Norm wird das Gemeinschaftsgefühl, dessen Produkt, die Logik des Zusammenlebens, angenommen.

Die Störungen dieses Gemeinschaftsgefühls, dessen Kaltstellung durch Unsicherheitsgefühle und überspannte Forderungen nach Sicherheit, drängen zur Wahl der nervösen Lebensmethode. Die Neurose ist nicht Produkt irgendeines konfliktuösen Erlebnisses, eines „Traumas“, sie ist vielmehr die Zuflucht des neurotisch Disponierten. Sie ist eine Absage an das mit menschliche Zusammenleben, mit dessen Logik auskommen zu können, der Neurotiker sich nicht zutraut; sie ist die Kampfansage des Feiglings und der mißverständliche Hilferuf mit dem bedrohlichen Akzente des Verirrten.

Der Neurotiker ist ein Verirrter, einer von seinem zu weit gesteckten Ziele faszinierter und so auf ein Nebengeleise geratener Nebenmensch, den seine fiktive Leitlinie hindert, Mitmensch zu sein.

Neurose ist Schuld und ungültige, unfruchtbare Sühne in einem. Das mahnende Gewissen im Dienste des Gemeinschaftsgefühls, die Gemeinschaft selber, an der jeder zerbricht, der gegen sie ist, strafen mit Isolierung und Steigerung der Unsicherheit. So bewegt sich der Neurotiker in einem Teufelskreise, aus dem er nicht hinausfindet.

Neurose ist Protest des von unbefriedigter, unstillbarer Machtgier Besessenen. Je länger dieser „männliche Protest" wirkungslos bleibt, desto stärker wird er mit dem ganzen „Fanatismus der Schwäche" erhoben. — Die Neurose ist nicht Endeffekt, sondern Mittel, Vorstoß in der Richtung des faszinierenden Zieles.

III.

Dieses Ziel muß der Psychotherapeut kennen. Erst durch die finale Betrachtungsweise wird er den kausalen Zusammenhang verstehen lernen; ja, dieser wird sich ihm von selbst ergeben. Es wird sich erweisen, daß der Neurotiker die Schwierigkeiten seiner kindlichen Situation nicht überwunden hat, daß er sie gewissermaßen überallhin mit sich schleppt. Daher auch die — oft verhüllte, in der Erscheinung oft ins Gegenteil verkehrte — „zögernde Attitude" des Neurotikers. Es wird sicher weisen, daß ihm notwendige Kompensationen von Organminderwertigkeiten nicht oder doch nicht ganz gelungen sind, weil der psychische Überbau nicht oder doch nur wenig mitgeholfen hat; daß sein Training sich nicht auf der Linie der sozialen Aktivität abgespielt hat. Er hat Organminderwertigkeiten zum Teil nicht kompensiert, weil er sie gebraucht hat und noch braucht. So verwendet der Enuretiker die Minderwertigkeit seines Harnapparates zur Demonstration seiner protestierenden Lebenshaltung; so verweigert er die Erfüllung einer der ersten Forderungen der Gemeinschaft an das Kind, der kulturellen Forderung nach Reinlichkeit. Er lernt den „Organdialekt" beherrschen und ihn für sein Ziel exploitieren.

Die meisten Psychotherapeuten durchschauten nicht, daß der Organdialekt nur ein Modus dicendi, eine der vielen dem Neurotiker zur Verfügung stehenden Ausdrucksformen ist. Adler war der erste, der den Neurotiker so gründlich durchschaute, daß er seinem Organdialekt nicht hineinfallen konnte. Adler konnte es auch deshalb, weil ihn ja seine finale Betrachtungsweise zur Erkenntnis drängte, daß der Neurotiker alles in seinen Dienst stelle, also auch den Organdialekt, seine Träume und sein Unbewußtes.

IV.

Die Individualpsychologie fordert und fördert die Zusammenhangsbetrachtung des Individuums als einer unteilbaren (individualen) Einheit. So muß auch nach ihr eine Neurosenpsychologie eine Pathocharakterologie sein. Symptome zum Verschwinden bringen heißt nicht den Neurotiker heilen.

Adler hat überzeugend nachweisen können, daß ein Neurotiker erst geheilt ist, wenn sein zu weit gestecktes Ziel abgeändert, wenn seine — oft verhüllt — feindselige Stellung zur Gemeinschaft in eine positive umgewandelt ist, wenn er so weit ermutigt ist, daß er ernst und couragiert an die Lösung seiner Probleme gehen kann. Das heißt: Neurosenpsychotherapie ist Charakter-Umbildung, Umgestaltung der Weltanschauung, die die neurotische Haltung postulierte, ist Korrektur der neurotischen Apperzeptionsweise und des Antilogischen im Sinne der Logik der Gemeinschaft, ist die Konsoziierung des Antisozietären, all dies auf dem Wege der Bewußtmachung und der Ermutigung, ohne die jene nicht gelingt.

V.

Das Bewußtsein und das Unbewußte. — Adler hat den fundamentalen Satz geprägt :„Das Bewußtsein wird wach, wenn eine Schwierigkeit entsteht". Diesen Satz wird man an die Spitze einer Denkpsychologie, jener Psycho-Logik setzen müssen, die es heute noch nicht gibt, deren Grundlagen aber in Adlers Werk schon enthalten sind. Man kann also sagen: Unbewußt bleibt uns all das, dessen Bewußtwerdung durch eine reale Schwierigkeit nicht erfordert wird. Erinnerungen an Vergessenes tauchen in uns auf, Unbewußtes wird uns bewußt, wenn wir es brauchen; Erinnerungen sind stets tendenziös, stets sinnvoll in den Gesamtplan einzuordnen. Allein, damit haben wir über das Unbewußte doch nur wenig ausgesagt.

Adler lehrt auch dies: Das wirksame Unbewußte ist jener Teil des Systems eines Menschen, der vor der Kritik der Vernunft nicht standhalten kann. Was wir zum Beispiel im Traume erleben, ist oft die Verdrehung der Realität in einer uns und unserem Ziele gemäßen Form. Das Unbewußte bietet, wo auch immer es wirksam werden mag, dem Individualpsychologen stets klare Aufschlüsse über das Ziel und die momentane Richtung. Das Unbewußte des Neurotikers ist stets gegen die Gemeinschaft, gegen alle die gerichtet, die sein Persönlichkeitsgefühl zu verkürzen drohen. Man kann ruhig sagen, daß in jedem Traum des Neurotikers seine Entwertungstendenz gegen seine Umgebung und gegen das Leben offenbar wird.

Die Entdeckung des Unbewußten (Fiktion des Unterbewußtseins, Freud) ist von einem Teile der modernen Psychologen überschätzt worden. Dieser Teil ging soweit, sich als für das Bewußte uninteressiert zu erkären und eine „Tiefenforschung" zu postulieren.

Adler konnte nachweisen, daß das Bewußte ebenso wie das Unbewußte erst gedeutet werden müsse. Man kann alles in jedem „Jargon" deuten. Verstehen kann man das Bewußte und das Unbewußte nur, wenn man das Ziel des einzelnen Individuums erfaßt hat. In seinem Aufsatze „Zur Rolle des Unbewußten in der Neurose" gelangt Adler zu folgendem Resumee:

„Wir können das neurotische Handeln so betrachten, als ob es wie im Bewußten einem Ziel gehorchte. Und wir können vorläufig abschließend behaupten: die Unbewußtheit einer Fiktion, eines moralisierenden Erlebnisses oder einer Erinnerung kommt als Kunstgriff der Psyche zustande, wenn das Persönlichkeitsgefühl und die Einheit der Persönlichkeit durch das Bewußtwerden bedroht würden."

VI.

Traum und Traumdeutung. — In der Behandlung der Neurotiker verwenden Adler und seine Schüler auch deren Träume zur Orientierung im Krankheitsbilde. Für Adler ist der Traum durchaus nicht „Wunschtraum", „Wunscherfüllung", sondern ein Versuch des Vorausdenkens, des Voraustastens, ein „In-die-Zukunft-Schauen", ein Versuch, mit den phantastisch gesehenen Schwierigkeiten des realen Lebens fertig zu werden, man könnte sagen: eine Generalprobe des Handelns, das beim Neurotiker zumeist nur ein Flüchten ist.

Was bedeutet also für den Individualpsychologen der Traum des Neurotikers in der Behandlung? — Dasselbe, was der Rauch eines Feuers bedeutet (um mit Adler zu sprechen). Der Rauch zeigt an: I. daß es irgendwo Feuer gibt, II. die Windrichtung, und III. eventuell, welcher Art das brennende Holz ist. Umgedeutet: der Traum des Patienten kann dem Therapeuten verraten: I. seine momentane Situation, II. die Linie, auf dem er sich seinem Ziel zubewegt und III. eventuell alles: sein Ziel.

Der Traum ist eine zumeist verzerrte Ausdrucksform der Haltung des Träumers. Er ist so verständlich oder so wenig verständlich wie die Haltung des Neurotikers in wachem Zustande. Beide lassen den Charakter und die Weltanschauung, klarer ausgedrückt: die Stellung zu den drei wesentlichsten Lebensaufgaben erkennen.

Das Traumdrama kann erklärt, die Traumtendenz, die Traumstimmung muß verstanden und gedeutet werden. Deutung ohne charakterologisches Verstehen ist ungültige, zumeist irreführende Deutung, somit eben keine Deutung

VII.

Die drei Lebensaufgaben. — Wir haben vorhin von den drei wesentlichsten Lebensaufgaben, vor denen jeder einmal steht, gesprochen. Diese Aufgaben sind: I. die soziale Aufgabe, das ist die der Einfügung in die Gesellschaft, in das mitmenschliche Leben, II. die Aufgabe, einen nützlichen Beruf zu ergreifen, was der Erfüllung der steten Forderung der Gemeinschaft, das Individuum müsse sich nützlich machen, gleichkommt, und III. die erotische Aufgabe, die die Ehe darstellt.

Adler hat nachweisen können, daß der Neurotiker der Erfüllung einer dieser Aufgaben, oft der aller drei ausweicht, weil er sich ihnen nicht gewachsen fühlt. Mit Recht, denn sein Training für das Gemeinschaftsleben erweist sich immer wieder als mangelhaft und keineswegs zureichend. Die restlose, befriedigende Erfüllung kann aber ohne ein zureichendes Training dieser Art nicht erreicht werden.

Die egoistische, gemeinschaftsfeindlich gerichtete Zielstrebigkeit des Neurotikers hat ihm das lebensnotwendige Training unmöglich gemacht. Man könnte sagen: Der Neurotiker ist in den infantilen Schwierigkeiten stecken geblieben, er ist in der Entwicklung zurückgeblieben. Er handelt so, als ob er noch ein Kind wäre und erst ein „Großer" werden müßte. Er ist mit dem Training seiner Kniffe so beschäftigt, daß er zu einer richtigen Arbeit nicht einmal die Zeit aufbringen könnte. Er vertrödelt seine Zeit und seine Kräfte für ein Phantom, er ist vom Nietzscheschen „Willen zum Schein", der doch deutlich gegen ihn spricht, besessen. Er pendelt zwischen seinem immer drückender werdenden Unsicherheitsgefühl, das ihm die Überzeugung aufdrängt, er sei das minderwertigste, unnützeste Geschöpf auf dieser Erde, und dem immer mehr verstärkten Geltungsbedürfnisse, dem er in dem engen Familienkreise, in den er sich allmählich wie in ein schützendes Gehäuse ganz zurückgezogen hat, rücksichtslos Befriedigung zu verschaffen versucht.

Ein nicht eingebürgerter Fremder in unserem Leben, besessen von einer irreführenden Weltanschauung, die ihm ungültige Maßstäbe aufzwingt, sucht er, sich mit falschen Orientierungsmitteln, die ihm den Dienst von Irrwischen leisten, zurechtzufinden, und gerät auf seinem Orientierungsgang immer wieder an die Grenzen, die die Gemeinschaft gegen ihn aufgerichtet hat. An diesen Grenzen verweilt er, er stößt sich wund an den Grenzpfählen: ein nutzloser Märtyrer, der sein Verbrechen der Verkennung der Gemeinschaft, die allein ihm die gesuchte Sicherheit bieten könnte, büßen muß. An der Starrheit seines egozentrischen Systems, das eine Pazifizierung nicht zuläßt, geht er mit einer paradoxen Ausdauer ein Menschenleben lang zugrunde.

Ihn heilen heißt ihn von den Irrtümern, die ihn dirigieren, befreien und ihn lebensfähig dem Leben zurückgeben, heißt: seine steckengebliebene Erziehung zu Ende führen und aus einem Nebenmenschen eine Mitmenschen machen.

VII.

Individualpsychologische Behandlungsmethode. — Wenn Adler eine Eckermann hätte, der ihm überallhin folgte und alles, was er spricht, besonders, was er in der Ordinationsstunde spricht, getreulich aufzeichnete und wiedergäbe, müßte die Menschheit erkennen, daß sich ein Mensch in ihren Dienst gestellt hat, dessen künstlerische Fähigkeiten einzigartig sind.

In der Tat: Adlers psychotherapeutische Methode — sie ist die individualpsychologische — ist eine künstlerische Methode des Umgangs mit Menschen, im besonderen: des Umgangs mit neurotischen, kranken Menschen.

Wir können es nicht unternehmen, diese hier so zu schildern, wie sie es verdiente. Aber wir wollen wenigstens andeuten.

Wenn der Patient zum ersten Male sein Ordinationszimmer betritt, erörtert Adler die Frage: Wozu kommt er zu mir? — Gehört er zu jenen 50%, die schon auf dem Wege der Heilung sind, bevor sie sich zum Arzt begeben, oder kommt er zu mir, um sich seine Krankheit bescheinigen zu lassen und seiner Krankheitslegitimation erhöhte Gültigkeit zu verschaffen, um sich, seine Umgebung und mich zu überzeugen, daß ihm nicht geholfen werden könne? — Um auch mich in Behandlung zu nehmen, um auch mich, wie es ihm mit seiner Umgebung schon gelungen ist, „dranzukriegen“?

Nach wenigen Minuten weiß Adler gewöhnlich alles. Er weiß, wozu der Patient zu ihm gekommen ist, wozu er krank ist, was er mit seiner Krankheit erreichen will und welcher Kunstgriffe er sich gewöhnlich bedient.

Von den neurotischen Kunstgriffen spricht Adler geradezu mit dem Wohlbehagen eines genießenden Kunstkritikers, oft mit aufrichtiger Bewunderung:

„Die Leistung der reinen Melancholie scheint mir ein hervorragendes Kunstwerk, nur daß die Bewußtheit der Schöpfung fehlt und daß der Patient seit Kindheit in diese Haltung hineingewachsen ist."

Adler begegnet den Kunstgriffen, den Tricks des Neurotikers mit seinen Tricks und — dies ist ebenso wichtig — mit der Legitimation des ethischen Menschen. In diesem wittert der Neurotiker mit Recht eine Gefahr, die er abwehren muß. Der Therapeut muß immer mit dem Widerstande des Patienten rechnen und ihm vorbeugen. Wenn der Arzt dem Patienten, nachdem er ihm durch eine Menge „Klarstellungen" auf „die Nerven gegangen ist," voraussagt, daß er jetzt, um sich zu rächen, Anfälle und Beschwerden haben werde, so macht er es ihm einigermaßen schwer, diese Anfälle und Beschwerden zu „machen". Er hat ihm dann sozusagen die ganze Freude an dem Racheakte verdorben.

Adler fordert vom individualpsychologischen Therapeuten, daß er in der kürzesten Zeit den Patienten durchschaue und sich so instandsetze, ihm alles auf den Kopf zuzusagen, ihm vorauszusagen, was er jetzt alles anstellen werde, und ähnliches. So kann es dem Arzte gelingen, den Widerstand des Patienten zu verringern. Dann kann er erst an den wichtigsten Teil seiner Arbeit gehen. Er muß dem Patienten seine starre und unbrauchbare Schablone, seine antilogische Apperzeptionsweise nachweisen, ihm ihre Entstehung und Tendenz erklären und ihn soweit ermutigen, daß er sie aufgibt, daß er sie aufgeben kann, ohne an ihrer Stelle andere zu „kreieren". Er wird dies gewiß nicht tun, wenn er nicht überzeugt sein wird, daß es für ihn besser sei, daß für ihn aus dieser Charakterwandlung Vorteile im Leben und Sicherheit erwachsen.

Die Kur stellt immer einen Kampf zwischen Neurotiker und Arzt dar. Wenn jener sich sehr bald als besiegt erklärt, so ist es zumindest verdächtig. Die „Übertragung", die Freud so gründlich mißverstanden hat, ist eines der vielen raffinierten Mittel, den Arzt kampfunfähig zu machen, ihn hinters Licht führen. Der Verwendung eines solchen Mittels kommt es gleich, wenn der Patient bereit ist, auf einen Jargon, etwa auf den Sexualjargon einzugehen und sich so — scheinbar ungerne — auf einen „Nebenkampfplatz" drängen läßt. Wenn der

Arzt nicht sehr auf der Hut und vorsichtig ist, kann es ihm widerfahren, daß er in die Behandlung des Patienten gerät — was schon manchem Psychotherapeuten widerfahren sein dürfte.

Wenn der Arzt nun glücklich über alle Klippen und Hindernisse hinweggekommen ist, sieht er sich oft knapp vor der erfolgreichen Beendigung der Kur dem maßlos gesteigerten Widerstande des Patienten gegenüber. Hier darf er nicht mutlos werden, sondern sich zu einer Demonstration entschließen, die ihm je nach seiner Art mehr oder weniger schmerzlich sein wird. Er muß dem Patienten seine Selbstlosigkeit in Form eines diesem unvorstellbaren Mutes zur Blamage demonstrieren.

Was der Patient will, ist ja ziemlich durchsichtig: er will die Heilung nicht von einem anderen, nicht von einem, von dem er „untergekriegt" worden ist, empfangen. Er will so handeln, wie Napoleon bei seiner Krönung gehandelt hat, als er dem Papste die Krone aus der Hand nahm und sie sich selber aufs Haupt setzte. Dies muß ihm nun der Arzt ,wenn es nicht anders geht, ermöglichen, indem er „kapituliert" und sich für außerstande erklärt, die Kur zu Ende zu führen.

Die Individualpsychologie fordert vom Therapeuten, wie gesagt, mehr als daß er Symptome zum Verschwinden bringe — dies können unter günstigen Umständen auch Kurpfuscher, Heiligengräber, Hypnotiseure und andere — sie fordert von ihm, daß er eine charakterologische Umgestaltung durchführe, die sich in der Tat, in der Lösung der Lebensprobleme, an denen der Neurotiker vor der Kur zu scheitern drohte, als positiv erweisen muß. Gelingt ihm dies, dann darf er wohl sagen, daß er geheilt habe, daß er der Gemeinschaft in ihrem „heiligen Kriege" gegen den Neurotiker zum Siege verholfen habe. Früher nicht!

VIII.

Es ist verständlich, daß Adlers Erkenntnisse auf dem Gebiete der Pathopsychologie und Pathocharakterologie seine Individualpsychologie und seine „Normal-Charakterologie" möglich, notwendig machten. Er mußte beim Studium des nervösen Charakters immer wieder feststellen, inwieferne eine Abweichung von der „Norm" vorgegangen war. Er mußte eigentlich selber eine Norm schaffen. Hatte er erst diese, so ergaben sich ihm von selbst und zwangsläufig die Postulate einer Psychohygiene, einer Erziehung, die prophylaktisch, heilend und bildend zu wirken berufen wäre.

Ebenso ergab sich für ihn die Notwendigkeit, gewisse Begriffe und Anschauungen der alten und auch der neuen Psychologie einer gründlichen Revision zu unterziehen. Wieder mußte Adler revolutionieren. Wenn er heute den Kampf gegen den Begabungswahn führt, so weiß er, daß er den Großteil der Intellektuellen, die seiner wie des täglichen Brotes zu bedürfen glauben, gegen sich hat. Trotzdem führt er ihn unbehindert und mit einer Sicherheit fort, die seine Gegner mit der Zeit entwaffnen wird.

Für Adler gibt es eine physische, aber keine psychische Heredität. Diese konnte er nicht entdecken, diese konnte bis nun auch niemand nachweisen. Was er fand, war vielmehr: der Charakter, die psychischen Fähigkeiten und Unfähigkeiten des Individuums sind Produkt seiner Organminderwertigkeiten, seiner Minderwertigkeitsgefühle, deren Intensität durch das Milieu, in dem das Kind aufwächst, durch die Schwierigkeiten, auf die es stößt, letztlich, durch sein Ziel bestimmt ist. Banal ausgedrückt: der Mensch kommt als „unbeschriebenes Blatt" auf die Welt. Was er an charakterbildenden Elementen mitbringt: — die Organminderwertigkeiten und das Gemeinschaftsgefühl — bestimmt seinen Charakter durchaus nicht eindeutig; dies ist Stoff, den er gemäß seinem Ziele verwendet. Es gibt eine Unzahl von Entwicklungsmöglichkeiten für jedermann. Welche einer wählt, ist entscheidend. Daß er eine ganz gewisse wählt, daß er sich für ein Ziel und — schon im frühesten Kindesalter und unbewußt — für eine gewisse Weltanschauung entscheidet und so seine Charakterbildung vereinheitlicht, sich zu einer Individualität entwickelt, ist auf seine Erfahrungen und Erlebnisse zurückzuführen, kurzum: für den Individualpsychologen erforschlich und verständlich. — Damit ist auch alle Mystik des Seelenlebens „fast" unmöglich gemacht. Noch wissen wir vieles nicht, aber wir dürfen schon die Überzeugung haben, daß man das Seelenleben ganz erforschen kann und erforschen wird.

Hierzu gehört Mut. Die ihn nicht hatten, brauchten die These, das Vorurteil, daß es eine psychische Heredität gebe, daß wir das Seelenleben nie erforschen werden können, weil es in seinem wesentlicheren Teile nicht „diesseitig" sei; sie brauchen den Begabungswahn, um ihre Minderwertigkeitsgefühle in dieser unzulänglichen Weise zu kompensieren, das Irrationale, um ihren Mangel an Mut zum Rationalismus zu verhüllen.

Adler konnte gemäß seiner Kompensations- und Überkompensationslehre die Begabung nicht finden. Was er beim Künstler, beim Genie fand, war — zumeist unbewußtes — radikalstes Training eines minderwertigen Organs zum Zwecke der Überkompensation und das Training des psychischen Überbaus, zum gleichen Zwecke mobilisiert. Wenn ein genügend starkes Gemeinschaftsgefühl wirksam ist, drängt es zur positiven Leistung; der Neurotiker verwendet die gleichen Mittel für seine Kniffe, für seine Kunstgriffe; auch er, der keinerlei Leistung hervorbringt, exploitiert seine Organminderwertigkeiten.

Diese Gedankengänge Adlers sind heute — wie gesagt — revolutionär, aber auch die Gegner müssen zugestehen, daß sie wertvoll und fruchtbar und für jeden notwendig sind, der erziehen will.

Kein Begabungsabergläubige kann erzieherisch, d. i. unter anderem auch: ermutigend wirken. Niemand, der an psychische Heredität glaubt, kann den Mut zur Erziehung aufbringen; er muß seine Wirkungsmöglichkeit von vorneherein beschränkt sehen, eine Charakterbildung auf dem Wege der Erziehung für unmöglich halten. So stoßen denn alle Nichtindividualpsychologen sehr bald auf die Grenzen der Erziehung, die aber tatsächlich die Grenzen ihres Könnens, ihres Glaubens und — ihrer eigenen Erziehung sind.

Zu dem Aberglauben an die psychische Heredität und an die Begabung und die Unbegabung gesellt sich der Aberglaube an die Fruchtbarkeit der Autoritätserziehung, die von Adler und seinen Schülern als verderblich und völlig verfehlt entlarvt wurde.

Das Problem der Erziehung, eines der wesentlichsten sozialen Probleme, ist heute in erster Reihe ein Problem der Erziehung der Erzieher und — in zweiter Reihe — der Gesellschaft, in der die Kinder aufwachsen. Ein Lehrer, der auf Autorität nicht verzichten kann, nicht verzichten zu können glaubt, beweist seine Schwäche, sein neurotisches Geltungsstreben und somit seine Unsicherheit. Ein solcher Mensch kann nicht erziehen. Es tut not, daß er erzogen werde.

Adler, der radikale Pragmatist, hat nicht bei der Theorie, die für ihn nie Selbstwert hatte, stehen bleiben können. Er hat erzieherische Organisationen geschaffen. Er hat die Institution der Erziehungsberatungsstelle für schwer erziehbare Kinder geschaffen. Diese Erziehungsberatungsstellen haben sich bestens bewährt und in Österreich, Deutschland, Holland und Amerika Nachahmung gefunden. Eine individualpsychologische Organisation Wiener Volks- und Bürgerschullehrer leistete und leistet wertvolle praktische Arbeit. — So beweisen die pädagogischen und heilpädagogischen Erfolge der Individualpsychologen synthetisch die Richtigkeit und Verwendbarkeit der Lehren Adlers in der Erziehung.

Es ist — davon sind auch Nicht- und Antiindividualpsychologen überzeugt — die Zeit nicht ferne, da eine nichtindividualpsychologische Erziehung undenkbar sein wird. Das bedeutet nicht weniger als daß die Erziehung der Menschen, die während unserer nun schon ziemlich langen Kulturperiode so gründlich mißlang, daß 1914 Jahre nach der Geburt jenes Mannes, der durch das Gemeinschaftsgefühl und die Nächstenliebe das Himmelreich auf Erden errichten wollte, ein vierjähriges Massenmorden anheben konnte, das bewies, wie unsicher und „schwer erziehbar“ diese eben aus ihrem Unsicherheitsgefühle heraus so arrogante Menschheit Europas ist, daß nun dieser Menschheit Erziehung wirklich beginnen wird. Der individualpsychologischen Pädagogik gehört die Zukunft! Das bedeutet Aufgabe und Arbeit. Dieser werden sich — hoffen wir — die Individualpsychologen gewachsen zeigen.

IX.

Es ist ausgeschlossen, in diesem engen Rahmen auf alle wertvollen Anregungen, die vor allem die Geisteswissenschaften von der Lehre Adlers empfangen haben und wohl noch empfangen werden, auch nur hinzuweisen.

Seine Lehre von der Überkompensation macht eine völlig andere psychologische Betrachtung der Künste und des künstlerischen Schaffens notwendig [1]. Eine individualpsychologische Kunst- und Künstlerpsychologie würde erst die moderne Kunst, den künstlerischen Schaffensprozeß verständlich machen.

Auch hier ist Adler vorangegangen. Seine Arbeit über Dostojewski (in „Theorie und Praxis der Individualpsychologie“) ist ein kunstpsychologisches Meisterwerk. Es ist dies unter all den vielen Arbeiten, die über Dostojewski in den letzten Jahren geschrieben worden sind, vielleicht die beste.

Eine Psychologie der Philosophie ist in Adlers Werken schon enthalten.

Die Massenpsychologie, die unsere Zeit, die Zeit der endlich bewußt und historisch gewordenen Massen und Massenbewegungen braucht, kann nur auf den Erkenntnissen der Individualpsychologie, die im tiefsten Grunde eine Sozialpsychologie ist, aufgebaut werden.

Adlers demnächst erscheinende sexualpsychologische Schriften werden eine einheitliche Betrachtung des normalen und pervertierten Sexuallebens im Lichte der Individualpsychologie gestatten.

[1] Ich verweise auf meine demnächst erscheinende Arbeit „Zur Psychologie der Kunst, des Künstlers und des künstlerischen Schaffens“.

X.

Die Frauenfrage, eine der wesentlichsten unserer Gesellschaft, erfuhr durch Adler besondere Klärung. Er entlarvte durch seine Lehre vom männlichen Proteste gleichermaßen die Antifeministen und die Vorkämpferinnen jener unmöglichen, weil widernatürlichen Emanzipation, die die Frau von ihrer Rolle „befreien" und gewissermaßen vermännlichen soll. Er trat und tritt für die Frauenbewegung ein, die der Frau die Möglichkeit erringen will, ihre Frauenrolle — sie zählt zu den wesentlichsten im Gemeinschaftsleben — zu erfüllen, ohne daß sie dadurch gesellschaftlich verkürzt wird.

Indem Adler den Glauben an die geistige Inferiorität der Frau als den Irrglauben feiger, nach „Mann-Männlichkeit" strebender Männer und männlich protestierender Frauen ablehnt, indem er die Gleichwertigkeit von Mann und Frau bestätigt, postuliert er deren Gleichberechtigung, vor allem die in der Erfüllung der Aufgaben der Gemeinschaft.

Die Frauenbewegung, die wir meinen, verdankt Adler wirksamste Förderung und eine stets wertvolle Ermutigung.

XI.

Die Individualpsychologie ist auch eine Weltanschauung. Wie, kann denn eine exakte Wissenschaft auch eine Weltanschauung sein? — Ja. Jeder Psychologie liegt eine Weltanschauung zugrunde. Wir haben schon einige Male erwähnt: Einen Neurotiker heilen heißt ihm eine ganz gewisse Weltanschauung geben. Also muß der Therapeut dem Patienten mit einer Weltanschauung entgegentreten, deren Sieg über die des Outsiders stets auch die Heilung bedeutet.

Die Weltanschauung Adlers, die Individualpsychologie, ist das logische Produkt seiner psychologischen Erkenntnisse, seines Systems, ist das Postulat der Logik des Zusammenlebens, die die Individualpsychologie manifestiert.

Die maßlose Überschätzung der Wissenschaft durch die Zünftler, die deren Hierarchie proklamieren, obwohl sehr bedeutende Köpfe diese Überschätzung mit gutem Grunde zurückgewiesen haben, tut sich in der Argumentation gegen die Vereinigung von individualpsychologischer Lehre und Weltanschauung kund. Und noch etwas: ein auffälliges Unverständnis im Psychologischen.

Die individualpsychologische Weltanschauung ist älter als alle Psychologie und Wissenschaft. Fragmentarisch ist sie schon in jeder Religion enthalten. Sie von dieser getrennt und wissenschaftlich fundiert zu haben, ist mit das unvergängliche Verdienst Alfred Adlers, des „philosophischen Arztes", den Nietzsche, dem Adler vieles verdankt, ersehnt und vorausgeahnt hat.

XII.

Aus dem wenigen, das wir in dieser Arbeit, die nur als Essay angesehen werden soll, haben mitteilen können, hat wohl der unbefangene Leser den Eindruck empfangen müssen: Alfred Adler hat ein Gedankengebäude aufgerichtet, das einzigartig ist. Dieser Mensch hat binnen einer verhältnismäßig kurzen Zeit gerade jene Arbeit verrichtet, die dieser armen Menschheit sehr nottut.

Diese Arbeit konnte nur einer verrichten, diese Leistung konnte nur der hervorbringen, der vom Pathos der Gemeinschaft beseelt war, der sich gedrängt fühlte, jene Lehre zu schaffen, die alle, die sie kennen lernen, „mit einer Lebensaufgabe belastet: voranzugehen bei dem Abbau des Strebens nach Macht und bei der Erziehung zur Gemeinschaft." (Adler.)

Alfred Adler ist das soziale Genie unserer Zeit.

GPSR Compliance

The European Union's (EU) General Product Safety Regulation (GPSR) is a set of rules that requires consumer products to be safe and our obligations to ensure this.

If you have any concerns about our products, you can contact us on ProductSafety@springernature.com

In case Publisher is established outside the EU, the EU authorized representative is:

Springer Nature Customer Service Center GmbH
Europaplatz 3
69115 Heidelberg, Germany

Batch number: 10844623

Printed by Printforce, the Netherlands